Αίλουρος

Елена Сунцова

НЕБО ДО САМОЛЕТОВ

Ailuros Publishing
New York
2015

В оформлении обложки использован рисунок работы Софии-Мари Ландауэр.
Подписано в печать 25 июня 2015 года.

Sky Before Airplanes
Poems by Elena Suntsova
Ailuros Publishing, New York, USA
www.elenasuntsova.com

Copyright © 2015 by Elena Suntsova, text.
Copyright © 2015 by Sofia Marie Landauer, cover picture.
All rights reserved.

ISBN 978-1-938781-37-7

*Екатерине Симоновой,
Елене Баянгуловой*

***

Когда дыхание станет ровным,
Ты выключишь свет, отопрешь дверцу,
Замечется так, что уже нескромно,
Пурпурный барсук твоего сердца,

Но ты охладишь, как всегда умела,
Не воспоминанием о причудах,
А — выросла, вызрела омела,
Пустая, как, может быть, рифма «чудо»,

Как беглый корабль, как пучина рома,
Как тысяча тысяч чертей, нахальных,
Как будто дыхание стало ровным
И выступил пот на губах зеркальных,

Ты утро любила, мечта, пиратка,
Горгулья на замке, убитом бомбой,
И освобождение будет кратким,
И освобождение будет долгим.

***

Султан солонка сила солнце Суламифь —
Качнулась радуга вдоль кружева зрачков,
Мой сон ленив,
Ленив и дважды бестолков,

Моя Офелия, олива в голубом
Молчащем мучащем и небе, клюве и,
Утроба-дом,
Сухая пяточка земли.

Зачем он был, зачем летал со мной во рту
Туда, где семя не ужалило траву,
Я слышу стук,
Так шутит дядюшка Ау.

Чем ты любимее, тем легче держит соль
Щепотку тела на поверхности морей
Всей суши вдоль,
С ее сетями рыбарей.

***

Ты веришь в гугл и облака,
А сон не там, и он прощай,
Пропащий стебель апропо,
Так имя сорвано дождем.

Ты плачешь, ягода во тьме,
Но вспыхнет, вспыхнет слова куст
Твоим молчанием о том,
Что только скалы и туман —

Твои беда и волшебство
В уменьи пламя повторять,
И пламя застит горизонт,
И пепел, кто его изрек.

***

Страны разные у нас,
Разное вино,
Но один иконостас
Солнышка, оно

Светит ярко, не боясь
Просто ничего,
Облачкам, вовсю клубясь,
Не закрыть его.

Небоскребики вдали,
Руки-журавли,
Самолеты-корабли
Неба и земли,

И, поскольку навсегда
Не свернуть туда,
Станут радугой тогда,
Лучиком звезда

Пощекочет этот мыс,
Где полно полос
Взлетных, как щекочет нос,
Нёбо слово мы.

***

Когда человек умирает,
Изменяются не его портреты,
Изменяется его имя.
Портреты остаются теми же,
Это и страшно.
Имя — вот что на глазах пустеет,
Не отзывается на самое себя,
Превращается в то, чем так хотело быть при жизни —
В смысл.

Флаги

I

По Фонтанке по Фонтанке
По Фонтанке дайте две
По Фонтанке сразу в дамки
По Фонтанке по Неве

Поплывем раз все забыто
Прощено и боже мой
Прыгнем лихо шито-крыто
И домой домой домой

Воздух сужен безупречен
Поплывем раз ночь чиста
Поплывем наш город вечен
Вместе нам едва полста

Будет город будет холод
Будет все о чем тогда
Только вспомни о уколот
Только да не только да

II

Хочешь помни обо мне
Ветер старый воздух ржавый
И на гладкой простыне
Мир сбывается шершавый

В нем исчезнут не боясь
Шелестя автомобили
Сумрак выморочит грязь
Ну подумаешь любили

Как пирожного во рту
Этой жизни вполнакала
Послевкусие учту
И не ту пересекала

III

И жалко и забыто и смешно
И горестно и низенькое солнце
И город улыбается придется
Вернуться что бы ни произошло

Ни спряталось так прячешься не ты
В какой-нибудь желтеющей бумаге
Ты всхлипываешь улицы и флаги
Как Новая Голландия пусты

Постой постой но ты была сама
Пуста была что утренняя ветошь
И падала из рук как эта мелочь
В цветной дрожащий воздух синема

IV

Сон опрокидывает боль
И птицы кружатся летят
Туда где я была с тобой
И где мне молодость простят

На каждом радостном шагу
Где каждый шаг что взмах крыла
На самом дальнем берегу
На том где я с тобой была

И утром пахнущим дождем
Канала кружевом рябым
Пойдем как больше не пойдем
Ведущим прочь путем любым

***

Пока машинопись стучит,
Спеша саму себя прочесть,
Ты слышишь: голос оглушен,
И дождь случаен и болтлив,
И я уже не нахожу
Ни нужных букв, ни рук твоих.

Пока ты дышишь на земле,
Мне больно, весело, темно,
Слова из плоти и любви
Не хуже плоти и любви,
Мне страшно, весело, тепло,
Пока ты дышишь на земле.

Пока за Каменным мостом,
За чудищ спинами нам спать,
Рождаться с новым молоком
Тумана, штору поправлять,
Не прикасаясь, упаси,
К открывшемуся локотку.

Пока лишь март, и сводит март,
Как скулы, судьбы на ветру,
На шпонах, что на каблучках,
Танцует, верен и лукав,
И я могу открыть глаза
И улыбнуться, прочитав.

***

Горсть ласкового воздуха
И маленькое облако
Как белой рыбы тело
Его я проглотила

Я вспомнила сияющий
В ночи глубокой тающий
Обильный мой улов
Ты был конечно прав

И яхты в тихой гавани
Свои свернули саваны
И водорослей пряди
Опутывали снасти

Рты жадно открывали мы
В последнем целовании
Бессилие безветрие
Ночь темная прохладная

И соль была аттической
И сахарной практически
И не кончался март
И был оправдан грех

***

Город на сто процентов состоит из воды,
Переполняясь, выплескивают латынь
Жерла колодцев, и голос твой заглушен,
Сердце-волынка, красный пустой мешок.

Трубы торчат во все стороны, режет слух
Тонущий в небе, усиленный влагой звук,
Чайки орут, вернее, они поют,
Водоросли по темной реке плывут.

***

Ты плаваешь в кружащихся сетях
Фейсбук твой пуст и легок как скорлупка
На дне исчезла кукольница губка
И плещется волны широкий стяг

А дождь слегка царапает окно
И взвешивает ложечку другую
В чистосердечном сахаре воркую
Споткнувшись о тугое волокно

Так ты преображается не в я
В не я окаменев преображаясь
И ты чудес медийных не гнушаясь
Остыв допев насытишься швея

И пяльцы обессиленно сожмешь
Пустой фалангой белого наперстка
Так листьев юных радость только горстка
Которую возьмет тяжелый еж

***

Если бы ты был звездой экрана
Я бы проснувшись рано
Весь божий день на тебя пялилась
Ничего не стесняясь

Если бы я была одинока
Птица была свиристель сорока
Ты бы кормушку мне из пакета
И не пришло бы лето

Лето с птенцами кино с провалами
Крупы рассыпаны денег мало
Это конец впереди Венеция
Канны Локарно Греция

Там щекоча шелковистым смехом
Я бы по трапу легко и смело
Словно явление откровение
Остановись мгновение

***

Кто книгу раскрыл, кто на белой слюде рисовал,
Листы округлял и шершавую помнил кору,
Ему колокольчик прохладное время берег,
Ладони сухие, гусиную кожу дождя.

Почтовым рожком кувыркается в нем темнота,
Он будет любим, он почти уже схвачен и пуст
И выпотрошен до последней небывшей вины,
Живет, забывает, в застывшую влагу глядит.

Праздник

I

Из огня да в полымя
Полынья я полынья
Или ты убьешь меня
Или ты убьешь меня

Я тебя не забыва
И во сне не вспомина
И пускай москваквакаква
И оскоминамина

Всех излечит исцелит
То рыданье Аонид
Видишь портится искрит
Гугл транслэйт плохой санскрит

II

Я становлюсь тобой
Вымыслом на крючок
Сдавшейся рыбой пой
Песне цена молчок

Ну трепыхаться пусть
Это в последний раз
Ты для меня ау
Блеск обманувших нас

И остановит бег
Или споткнется хоть
Бедный ребенок снег
Так повелел Господь

III

Как изнемогает
От боли дите
Так жизнь наша тает
Проходит и все

Скажи мне зачем
Создавать и хранить
Дышала ничем
И тверда эта нить

И колышек алый
Целует одна
Наверно пропала
Насквозь влюблена

Он гасит смущаясь
Огни сигарет
Курить запрещается
Это ответ

Простите вы знали
Летели во тьму
Вы всё понимали
А я не пойму

IV

Вот ты стоишь передо мной
Красивый нежный и смешной
Так хорошо о боже мой
Пошли скорей домой

Пошли скорей домой ко мне
Держась за ручки при луне
Я никогда не расскажу
О том о чем пишу

Как восхитительно рыдать
И ничего не понимать
И ждать надеяться терпеть
Край света длить лететь

И свет земли своей края
Рисует набело вот я
Вот ты потерянный малыш
Передо мной стоишь

V

Я хочу быть Оно Йоко
Жить на Пятой авеню
Все когда-то и жестоко
Но себя я не виню

Рождество не заржавело
Не окуклилось пыльцой
Я была холодной белой
И бедовой слегонцой

Вот же выдалась попона
Ни привета небесам
Ни себя я Йоко Оно
И он сам он сам он сам

VI

В небе как лошадь стоит природа
Зла холодна нарядна
Небо как пятое время года
Которое потеряли

В воздухе корочка долгой смерти
Жизни кургузой ломоть
Нитка сгнила до нее разденьте
Будет цена не помнить

Лошадь вздыхает кусает вожжи
Счастлива есть наглазник
Я улыбнусь до чего похожи
И наряжусь праздник

VII

На одном языке ты не говоришь
На другом языке молчишь
Мой взволнованный маленький нуворишь
Тот чрезвычайный чиж

Ты очнулся немым на ладони зла
Из рассыпанных бус собрал
Как из бедных осколков того стекла
Ту что другой украл

Мой задумчивый косточка птичка кот
Рукавичка простуда плут
Ветряных языков верный полиглот
Тех что как люди лгут

***

Ты что-то знаешь, а тело, оно не знает,
Все время чего-то хочет, болит и плачет,
То вспомнит зиму, то провожает лето,
То просыпается, то засыпает снова.

Сон — единственный наркотик, дозволенный человеку,
За него не сажают в тюрьму, он не вредит здоровью,
Надо только хорошенько устать, намаяться,
Чтобы достойно встретить новые муки.

Я еще молода, сил хватит надолго,
Бороться с телом — все равно что бороться с солнцем,
Но ведь и у солнца есть свое тело,
Своя золотая тюрьма, свои ждущие света звезды.

***

Объезжая осторожно все дурные города
И включая аккуратно рыжий авиарежим,
Ты тесемочкой холодной трепыхалась о не там —
И не та, и будет клясться вздрогнем или задрожим.

Здесь направо, эй, налево, типография «Наварр»,
Не проскочит мимо чад аукционов расписных,
Шар атласный моцареллы упирается в угар
Зимним утром, и соломинка жеманится о них.

Прибываем, открываем и качаемся впотьмах,
Ни имейлов, ни спасения мы не изобрели,
Так я праздновала очерк не о песьих головах,
Семафоры приближались, ну а что они могли.

***

За холмами, за домами,
Где зеленые края,
Пусть стручками эдамами
Жизнь качается моя.

От нее я убежала,
Видишь, вспомнила ее,
И — кулак в ладонь — разжала
Сердце полое свое.

Темнота его целует,
Поливает, бережет,
Удобряет, фарширует,
О любви ему не лжет.

Как приятно быть свободной,
Выпить старого вина
Новой осенью холодной
У разбитого окна.

***

Буду петь и буду таять,
Буду плакать долго, долго,
Улыбнусь, потом раскаюсь,
Утону в журнале «Волга»,

Паутинки, невидимки,
Как дождинки, спрячу, спрячу,
Все засвеченные снимки
Сохраню на неудачу,

Поплыву скорлупкой грецкой,
Сном, корабликом в ладошке,
Покачнусь тяжелым нэцке,
Как качалась прошлым, прошлым,

До костей сгоревшим, летом
В гамака сетях ленивых,
То ль добычей, то ли пэтом
Дней счастливых, дней счастливых.

***

Сначала сказала, что не люблю,
Потом, что люблю. Бывает.
И ветер шумел, это ноябрю
Присуще. Одолевает.

И город, от встречи вспылив, устав,
Как сбитый замок, качался.
Тебе, для него, никого, не стать.
Стой прямо. Идут. Нечасто.

Ну вот и конец. Да и взгляды те
И рада бы, но не помню.
Не тронь. И какое быть может тело,
Если был просто обморок.

А телу крупинки мелка сперва
Прыгнули за шиворот.
Пусть шубе оборка, рука, тесьма
Выпадут. Может, выгорит.

Летит ранний снег пусть. И пьет река
Его, что его баловать.
Меня еще нет. Хорошо искал.
О, выдержка. Смех. Заново.

***

Таблетки прими
Нос закапай
Когда будем собственными детьми
Забытыми мамой и папой
Здоровье нам пригодится
Чтобы опять родиться

***

Пора уже простить
Тех рейсов наизусть
Я вычеркнула стиль
Проснусь

И буду ждать тебя
Дыша в полете тем
Ты кровь судьба земля
Хотел

И как вода без дыр
Впадаешь в аккурат
Знакомые следы
Распят

***

Ах эта ночь ты смерть
Раз в себе заключала
Пусть будешь ты сначала
Мучить во тьме блестеть

Я заслонюсь рукой
Я ничего не помню
И не ищи мне ровню
Вечность ожог покой

Самый простой обман
Вырваться переехать
Прямо на ту планету
Или сойти с ума

***

Река проснулась первой
Бежит течет ура я
Живой подруге смертной
Ненужная вторая

Кичится так собою
Пластмассовая елка
И ты не веришь сбою
В программе но недолго

И вот вода все ближе
И бедную все жальче
Ты плачешь тише тише
Ты мой любимый мальчик

***

Морю серому, как брату,
Расскажу, ему не ровня,
Про холодную утрату,
Тоже серую, как кровля.

Снег не тает, невидимка,
Воплотившаяся за ночь
Дикая собака Динго,
Блок Лександр Алексаныч.

Забываю морю, зверю
Сквозь поскрипываний память
Рассказать, что не посмею
Жалить, жалить, жалить, жалить.

***

Ломтик вчерашний, усталая корка гнева,
Если осмелюсь в скорлупку и вновь родиться,
Вита, смешонок, игра, пуповина, плева,
Легкая ветка под тяжестью легкой птицы,

Ты рассмеешься, рассыплешься мелким басом,
У океана, которого тоже не было,
Вспыхнет Мюстик светляком, колченогим бесом,
Гриль негасим, только путаница и вывела.

***

Сегодня мне преградила путь черепаха,
Следом дорогу, как Пушкину, перебежал заяц,
И, разумеется, никакого успеха
Не предвещала влетевшая в ухо стрекоза.

В правое ухо, если это имеет значение,
И, если кто-то отважится напечатать
Эти совсем не скандальные откровения,
Я обожаю этого несчастного.

Я герой передачи «Очевидная-Невероятная»,
Я воплощаю в жизнь мечты миллионов,
Я — это точная рифма — судьба, приятная,
Чудно-подробная, как то умел Филонов.

Вчера я могла ослепнуть на оба глаза,
Стала бы героиней бульварной прессы,
Но поэтесс бережет одинокий разум,
Звери молчат, шумят лишь, шумят ципрессы.

***

Айфон разбит, и тех жестоких слов
Я больше не прочту, и, значит, их
И не было, и этот нежный голос
Я не услышу, и подборка фото
Глаза не выжжет — все осталось там,
В тебе, которого однажды я
Сравнила с сердцем. Ты всего лишь вещь,
Куплю другое, выращу другое —
Не яблоко, скорее хлебный фрукт,
Еда рабов, в раю не знавших рая,
Боявшихся обыкновенных змей.

***

Смотрят чуть-чуть искоса,
Голову клонят на.
Близко, совсем близко
Новая весна.

Очень она спокойная,
Нежна и легко пуста.
Нет никого, кто понял бы,
Для чего она так.

Лишь иногда, прозрачнее
Неба, светлей воды,
Что-то мелькнет — и начали,
Следующий ты.

***

Ты с надрывом,
Я с порывом,
Мы висели над обрывом,
Завершилось нервным срывом.

Если живы,
Тянем жилы,
Мы подлизы и тямжилы,
На износ у нас пружины.

Ничего, пере
Вернемся
И обнимемся, проснемся,
И опять, опять качнемся.

***

Где я? Меня здесь нет,
Я ее отпустила.
Тянется леска-след.
Я ее не простила —

На глубине Атлантики
Я отыщу не аттики
Тех затонувших может быть
Рифосплетений кожаных —

Просто идти по дну,
Думать, легко дыша:
Я ее не верну.
Вверх, как воздушный шар.

***

Все замело, и почта встала.
Вернее, умер он сначала,
Оставив чеки, этикетки,
Чешуйку выпавшей монетки.

На ней летающая рыба:
Когда метель и все закрыто,
Садись на холку, плавниками
Рули быстрее ветерка. И —

Волны мороженое тает
За перекрытыми мостами,
Где почтальон газетой машет,
Уже смешной, позавчерашней.

***

Покидаю тебя ненадолго,
Ненадолго тебя отпустили,
Катастрофы пустая картонка,
В Королевство Обеих Сицилий.

Говорят, бархатистые скалы,
Немец слушает, чепчик в конверте,
Я тебя не жила, не читала:
Раскрывается медленный ветер.

Там снежинки ревнуют веснушки,
Там, в последнем твоем королевстве,
Где снигирь распушился на мушке,
Чтобы проще, сильнее, прелестней.

Маточкин Шар

I

Снилось клеевое
Не клевое а из клея
Волны в котором море
Я его пожалела

В нем ни один не выжил
И гребешки были
Как корешки книжек
Заклеили и забыли

Берег был там в виде
Взлетных полос с прибоем
Где-нибудь во Флориде
Где мы еще с тобою

И разрывал сирокко
Утреннюю газету
Похороны помолвка
Я никому всем ты

II

Бросил тебя теперь у меня
Прекрасная компания
И даже можно сказать семья
Скажешь и это мания

Сделать увы ничего нельзя
За нелюбовь не судят
Спасибо за то хоть что мы друзья
Груз за поморском судне

Я буду тем же и будешь ты
Той же и пусть как прежде
Только фотограф сожжет принты
Типов в зимней одежде

Промысел шхуна пролив лопарь
Кровь запеклась на вые
Это как зверь когда ни ударь
Все для него впервые

Я никогда не любил снег
Ну а теперь хочу
В Маточкин Шар и побег вверх
И никаких чувств

III

Маточкин Шар
Несуществующее промысловое поселение
Бывшего Северного края
Бывшей страны
По-прежнему имеет свои координаты
Пусть и с отметкой бывшие
И на фотографиях да фотографиях
Зырян не отличишь от моржей
Одни живые другие мертвые
Те и другие одинаково неподвижны
Только треска и собака глядят в сторону
Это и замечательно
Не то что треска и собака
А то что их не существует
Можно приехать сюда
Споткнуться расшибиться о камень
Которого не существует
Вдохнуть воздух
Которого нет на карте
И привыкать к тому
Что все что ты сделаешь
В этом одном из самых северных
То есть одном из самых несуществующих
Поселений в мире
Будет снабжено оговоркой «вероятно»

IV

Осени нет будет
Вечносухое лето
И дома живут люди
Если дом есть где-то

Мыши лететь боятся
Вслед за простыми птицами
Ты как та мышь зря ты
Согрел бы рукавицами

Приехали бы в тот город
Никому не сказали
Даже если не скоро
Он подождет не занят

Скоро его рождение
Я в этот день вернулся
Так у любого гения
Вспомнился прикоснулся

V

Теперь у нас новые лампочки
И новые тумбочки
Какие мы с тобой лапочки
Просто такие умнички

Вьется дорожка лунная
Светится не кончается
Вырасту стану мудрая
Не побоюсь отчаяться

Ведь никогда не поздно
Хочешь начни завтра
Птенцы предают гнезда
Небо украл запад

Я теперь не влюбленная
Нет ни тоски ни жала
Та осень была зеленая
Которой я убежала

***

Жизнь, угловата, как хлебный фрукт,
Мне говорит: корми.
Хлеб не бери из нечестных рук,
Ласкова будь с людьми.

Знай, Атлантический океан,
Если замерзла ты,
Есть Антарктический океан
Северной широты.

Спи и угадывай, как во сне
Вспыхнут мосты, дрожа,
И как плывут и плывут ко мне
Льдины, хрипя, шурша.

***

Каждую ночь я падаю,
Ухаю в эту Падую,

Лодочку эту, кроху,
Вью из воды веревку,

Чтобы не убежала,
Как чешуя, дрожала

На глубине ладони,
Как еще тот Адонис,

А мне в ответ фиалка,
Крокусы, горечавка,

Зернышками в земельке,
В подпуши, на постельке.

***

В лучшей из своих книг
Перешагнул, дразня,
Не один материк,
Тебе жалко меня?

Радуга занялась
Зимняя, долгая,
Биче твоя нашлась
Теплой, живой — а я?

Просто пока любой
Кажется мне дотла
Вылюбленным тобой,
Взявшим твои тела,

Я лишь смотрю на снег,
Убранный, чтобы мочь,
Как оловянный швейк,
Выкараулить ночь.

***

Куда плывешь ты лед куда
Плыву куда хочу
Мне все равно когда когда
Погасишь ты свечу

Сегодня в Сохо ты уплыл
В Ла Гардию вчера
Мне все равно один лишь пыл
И холодно с утра

Ты не похож верней похож
Немного на меня
Мне все равно пусть этот нож
Ты выронишь казня

Река река ты помнишь все
Все жизненки мои
Мне все равно их девять семь
Сильнее их люби

Неси их вечером и днем
И ночью тень бросай
Мне все равно каким огнем
Ты зверь так рви кусай

***

Словно шпион в очках,
Ушкин залез на шкаф,
Кто высоко сидит,
Видит сперва рассвет,
Потом телефон гудит,
Чей это смс,
Ушкину не видать,
Буквы не прочитать.

Утром, когда ситком,
Минус и босиком,
Пусть поворот Невы
С крыши над головой
Как поворот головы
Вполоборота: мой,
Ты же бросал курить,
Можешь не говорить.

Шаг это шарк, когда
Кто-нибудь, как кота,
Берет и несет домой
На вытянутых руках
Кому-то еще живой,
Путаясь в сквозняках,
Что-то, что стоит свеч,
Спрыгнуть и рядом лечь.

***

Смотришь сквозь льдину, отбившуюся от стаи,
С какой же стати,
Смотришь, как кот Баюн со своего столба,
Вот потихонечку просыпается скорлупа,
Смотришь, как смерть в раю забубенным вечером,
Видишь — нечего.

***

Постепенно проходит душа,
Начинает светить.
Я ведь почти забыла, как это — быть,
Это — как будто кто-то меня держал
Без жалости отпустить.

***

Все эти фильмы
Которые я
Чтобы забыть тебя
Смотрю до утра каждый день
Мне говорят о любви
Скажем вот вёх
Он же омег цикута омежник вяха
Кошачья петрушка мутник водяная бешеница
Свиная вошь гориголова собачий дягиль
В общем вполне простая лесная травка
Что заставляет землю родить убийцу
Что заставляет женщину помнить эхо
Зов
Если ты забудешь меня не будет
И колыханье в ответ буду помнить помнить

***

Как вода я разлился
И рассыпались мои кости,
Стало сердце мое, как воск,
Тающий среди внутренности моей.
Теперь я понимаю, зачем
Так славил жизнь этот жаворонок на обочине,
Пока я стояла в той пробке у Шереметьево,
Для чего не включался свет,
Не вызывались такси
И, вообще, все, что происходило,
Происходило в порядке общего горестного безумия.
Вашингтон-бридж снова зажег опоры:
Мы же отпразднуем что-то сегодня вечером,
Выпьем шампанского 1668 года рождения
За то, что смерть — тоже форма жизни,
Как говорил персонаж одного фильма.

***

Людей с такими углами
Губ не найдешь в рекламе,
Улыбка твоя летает,
Как Меркурий в сандалиях.

Когда, легкий бог, захочется
Их ремешком закончиться,
Крылышка самым краешком,
Тут-то и растаешь.

***

Облако, цветок,
Сброшенные плоды.
Город во тьме, и тот
Сношен тобой до дыр.

Или улыбка — лук,
Натянутый надо льдом.
Вспышка, гало круг,
И вот и он, дом.

***

Помнишь огнем горел
Наш холодный апрель
Вновь среди суеты
Мне мерещишься ты

Лучше гореть огнем
Чем не мечтать о нем
Ветер разбил окно
Стало темно-темно

Спрячу тебя в себе
Будто земля траву
И еще поживу
Трещинкой на губе

***

Ты просто сказал я увижу рассвет
А я все еще полутьму
И алую россыпь собачьих следов
Как губ на салфетке зимой

И я не заставлю тебя не поймать
Ни самого доброго пса
Ни кожаных рек на ладони моей
Смотри и рыдай и мужай

Когда меня выронят зерна листвы
И прочих подзолистых почв
И высоковольтных предместий ее
То да понимаешь ли да

***

Опадает паутина,
Нарисована картина,
Жизни светится ретина,
Ни с одной из тех ретин
Буду нынче незнакома,
Долго тает холод спин.

Кто молекула, эррата,
Кто ни в чем не виновата,
Кто покинула когда-то,
Услыхав тревожный гул?
Это темная истома,
Ничего, не помогу.

Я осталась, я останусь,
Такелаж забудет парус,
Опустеет нижний ярус,
Леденцовый пот кулис
Мне покажет: дома, дома,
Стрелку выровняет ниц.

Пусть жива, пока летает,
Ночи волгие глотает,
Усмехнется и шептает,
То есть, шепчет за спиной,
Словно в школе опа-ома,
Словно троечка за мной.

Так юница, так юродка
Утишает голос кротко,
Так растения бороздка
Направляет сока ток,
Впереди кора, солома,
А она — листы, цветок.

Так нелепый, лгущий, межный
Исчезает порох снежный,
Восхитительно-небрежный
И отчаянно-смешной,

Как любови глаукома
За туманной пеленой.

Как любови глаукома
За туманной пеленой.

***

Цветы, кора. Леталось.
Им падала, досталась.
Касалась не глубин.
Ты радовалась им.

Двойная недостача.
Соломина, удача.
И сон напополам.
Лишилась. Дам, не дам.

Одна. И полмгновенья
Растет, как холод зренья
И озера холоп.
Хлор, известь, хляби хлоп.

***

Снова жмурится горбит спину
Серый зверь переживший зиму
Город пахнет землей и садом
Дождь приходит ложится рядом

С запрокинутой головою
Проще кажется быть живою
Только если рука в руке
Натяжение в поводке

***

Меня было много, и я не знала,
Куда еще деть себя,
Меня было много, меня хватало
На всех, кроме тебя.

Кружился и таял, летел и вился
Мой порох, меня губя,
Он чудился, плавал, он снился, злился
На всех, кроме тебя.

Бог видит, когда-нибудь я отважусь
Поверить ему, любя,
Как будто душа моя смотрит дважды
На всех, кроме тебя.

***

Полетела вверх тормашками
Ночь с последними рюмашками
С этим отсветом мигающим
Оказалась ночка та еще

Как бы спрятать понадежнее
Что казалось безнадежнее
Что касалось пальцев словно лед
Остывающий вокруг полет

Вспоминай одно молчание
Мир доверенный плечам ее
Взгляд оставленный на утро и
Сотни утр еще не ставших им

***

Не оставил мне ни вдоха ни сна
Волчий город и кошачья весна
Посмотрела на меня и ушла
Мол напрасно ты так долго ждала

И пускай я их двоих не виню
Двое кинутся на Парк-авеню
Не найдут что зарывали тогда
Когда землю подожгли холода

Будет март постой о чем говорю
Ведь апрель уже кончается сплю
Потому что вырос новый букет
Потому что лишь во сне смерти нет

***

Врач запретил мне плакать и так в глазах
Солнц осьминог колышется в небесах
Соль раздражает слезное мясцо
Лучше бы выписал что ли мне бег трусцой

Я бы сперва побежала в одну лишь весь
Где ни огня ни дыма такая взвесь
Русская долгая как ни уснуть ни встать
Перед глазами и полно ее глотать

После покинула б намертво те края
Где как молчит GPS возродилась я
Если ты видишь не зеркало а бельмо
Чур тебе родины омут хомут клеймо

Но марафону пора подходить к концу
Финиш соринка фатум его пыльцу
Благо весна учти цитрамон прими
Вдруг аллергия ляг на живот kill me

***

Из этой руки исчезаю угрем.
Мне кажется, мы никогда не умрем.
Пречистенка нами исхожена вдоль.
И это она, несмешная юдоль.

И я рассказала, как было, уже.
И снова осталась на том рубеже.
И я благодарна за стянутый шрам.
Ты самая главная улица. Ам.

***

Она была жива,
На почту прибежала,
Вся в дыме баловства,
Она еще не знала,

Но пластик под локтем
Догадывался: хрустнул,
Как вскрикнувший о нем
Их обморока мускул.

И бросила письмо,
Ругнув погоду; шина,
Как будто естество
Продолжила машина,

Скользнула, замерла,
И туча посмотрела
В глаза ей и пришла,
Разверзнулась, огрела.

***

Что, если правда все,
И все, что осталось мне,
Это пара тесемок
На спущенном рукаве,

На сморщенной простыне
Прости не могу оста,
На сбитом на пол окне
Букв ворох полста.

Шатаются мосты,
Им не дано летать,
Смерть это то, что ты
Не сможешь прочитать,

Видимо, если яд,
То лишь один, вдвойне,
Видимо, если я,
То, как ряды Фурье,

Утро, весна, театр,
Все будет хорошо,
Если то будет ад,
Я попрошу еще.

***

Не стоит менять настоящее
На что-то ненастоящее
Поскольку ненастоящее
И есть настоящее

Постой погоди я вспомнила
Девочка ломтик пиццы
Это и есть инсомния
Этому не родиться

О да потому что бабочка
Это не только крылья
Или не только бабушка
Нет постой погоди я

Не стоит глядеть в принципе
В глаза которыми будешь
Бредить допустим в Принстоне
И ведь не осудишь

***

Мне легко. Тебе легко.
Нам вдвоем уже битком.
Не отыщет даже хаски
Эти сказки без подсказки,
Вещи серенькой окраски,
Взвесь в бутылке с молоком.
Это сделает любой.
Ты не бойся, я с тобой.

***

Вымершее чудовище-мегаломан,
Ворочаясь с боку на бок, все охраняет
То, что сбежало, даже не поцеловав,
Что оно вымерло, даже не представляет.

Все ходит куда-то, читает, выгуливает себя,
Тянется вверх, увивается плоти плойкой,
Голубем на голубых экранах воркует, стробя,
Сверлит воронки, лакомится стройкой.

Все это время мимо течет река,
Река, отразившая столько облаков,
Что если решить понаделать с нее зеркал,
Дух амальгамы, сам бы и был таков.

И пожалеть чудовище не могу,
И буду рада встретить его, вкушая
То, что взошло на другом берегу,
Это, поверь, потеря небольшая.

Так узнают о вымерших существах,
Локти кусают, взвешивают кости,
Надеются, роются в швах, все равно швах,
Но из надежд иногда возникает мостик.

***

Две рыбы плывут в одном
И том же стекле воды,
Холодные, как ладонь,
Лед, ладан, латунь, латынь.

Две рыбы — они из сна —
Вплывают в последний сон,
В котором я прощена,
В котором и ты прощен.

***

Снег летает, как уховертка,
От Европы и до Нью-Йорка,
Вот Европа уже проснулась,
Кофе выпила, потянулась,

Улыбнулась сугробам белым,
Хороша и душой, и телом,
Как принцесса из летней сказки,
Где ее покорили баски,

Ветер лязгает, но щеколда
Защищает ее от холода,
От пурги и обморожения,
Кто-то рядом с ней, неужели я.

***

Я точно сбросила доспехи,
Вот я стою в домашнем платье,
Смотрю и думаю об этих
Неповторенных, как назвать их,

Неполучившихся, как фото,
Как ненатянутая леска,
Потемках легкости, чего-то,
Что полагала бесполезным,

Чужим, а воздух спину гладит,
И ночь пощипывает связки,
И лязг металлолома сзади,
А впереди холодный, вязкий,

Опустошенный, как тетрадка
С чужими верными словами,
Как без руки моей перчатка,
День летний с каменными львами,

Рекой, в которую, как спаржу,
Воткнули связанные сваи,
Стою, приветствуя пропажу,
Смотрю, пропажу принимая.

***

Время прошло,
Черная кошка,
Пробежавшая между нами,
Стала седой,
Серебряной,
Белоснежной,
Как та о Мышь,
Как тот Алисин кролик.
Можно начать сначала,
Отложить книгу,
Вскочить,
Побежать за ним,
Вновь провалиться сквозь землю,
Выпить меня,
Съесть меня.

***

Это как снять бинты:
Кожа не твоя,
Все потому, что ты
Не потому, что я.

Тысячи снов, зеркал,
Слухов, еще там что,
Все потому, что знал:
Не навреди, а то.

Да, я мечтала ждать
Этого паради,
Этим хвостом махать,
Верить: не уходи.

Будто свести тату:
Тело одно всегда,
Не для него, а в ту
Степь, не скажу, куда.

***

Эта выгода не та,
Чтобы говорить.
Заведи себе кота,
Чтоб его любить.

Лет пятнадцать, повезет —
Целых двадцать лет
Проживешь, храня живот,
Выхолишь скелет.

Будет нежность, шерсть, тепло,
Если съел тунца.
Что бы ни произошло,
Не видать конца.

Минус двадцать, двадцать два,
Сорок, пятьдесят,
Заведи себе орла,
Чтобы мог склевать

Калькулятор пустоты,
Ужаса, вранья,
Только чтобы был не ты,
Чтобы был не я.

***

Сердце граната
Разломленное
Стыдящееся
Ветер
Сухая трава
Прошлогодняя
Беспощадная
Как две парки
Приходящие каждой весной
Ко мне
Напоминанием о сердце
Брошенном в землю
Проросшем
Это бывает

***

Это всего лишь тело.
Рада, что помогло.
Я всего лишь хотела,
Чтобы было тепло.

И теряя сознание,
И, что важнее, вновь
Его обретая, знание
О том, что это любовь,

Делает тело печкой,
В ней можно сварить фасоль,
Выдумать человечка,
Выхолодить рассол.

И прорастут трамваи,
Будут во сне греметь.
Долго ли, я не знаю,
Но не забуду петь.

Петь, если ночь и голос,
Если твое лицо
Так же светло, как образ,
И навсегда лассо.

***

Рассвет одинаков во всех городах,
Он туго укутан в фату и пеленку,
Ты просто посмеешь запомнить, куда
Фольге шелестеть шоколадку Алёнку
И небу над деревом видеть чердак,
Погасшую лупу, нечетную пленку,
Таблетка вопьется, тимпан будет там.

Доска будет биться, которой прыжок
Почти амальгама обратного завтра,
Где уголь, как Гоголь, приветственно сжег
И сам о себя загорелся внезапно,
Порожек, окурок, трава, посошок,
Цветущий в когтях знаменитого сада,
Как малоизвестный угасший снежок.

Три четверти воздуха дли, обоняй,
Уткнувшись в тот стог, где царевна-иголка,
Когда тебя ранит, щебечет: теряй
Надолго, надолго, надолго, надолго
Лягушку-гнездо, ворох веток ли, рай,
Одну четвертушку щербатого толка,
Светило небесное, утренний чай.

***

Около крепкой и нежной опоры,
Вечной опоры земной,
Фантик культуры и ломтик просфоры
Да не пребудут со мной.

Да не исчезнет пробоина яда,
Не сквозь песок, глубока,
Не тишина неизвестного взгляда,
Плечи расправит тоска.

Музыка, корюшка, две сигареты,
И наугад на плечах,
Как на погонах, сияют ответы:
Звезд продолжается чат.

***

Допустим,
Тебя похоронят,
У облака, возле реки,
В твердый воздух уронят.
Ты будешь собой, не таким,
Что со мною внутри,
А бегущим с откоса ребенком,
Среди одуванчиков солнца,
Вот зреть начинают, ты дунешь.
Зачтется? Прочтется.

***

Давай еще по темно-синей,
По круглобокой двинем разом,
Насквозь с тобой закеросиним,
Колечка оловянным глазом

Наверх посмотрим, опоздаем,
На грудь решетчатую примем,
Перевернемся, обуздаем,
Я все равно тебя не выем,

Тпру полосатому прошепчем,
Дню салютуя аккуратно,
Сожмем тугие склеры крепче,
Чем коммуналка Ленинграда,

Где сестры спят и где фанера,
Которой город заколочен —
Великолепная Венера, —
Совсем как небо кровоточит,

Руки рука не миновала,
Еще полшага, и развязка,
Еще полшага, и канала
До дна бутылочная ряска.

***

Пусть пробоина-тоска
Перечеркивает душу
Я иду к тебе легка
Этот жребий не нарушу

В нем морзянка-вертолет
Извиняясь за тревогу
Годы старые собьет
И укажет мне дорогу

С узелком и угадай
С чем еще иду не зная
То ли остров-голодай
То ли просто голодая

По чернеющим мостам
В угловатых спинах-письмах
Как весны гиппопотам
В осыпающихся листьях

Как пустая рыба-шар
Как небесные осадки
В темноте иду держа
На весу фронтон фасад и

Просторечие огня
Одиночество-огниво
Я пришла увидь меня
Вижу ты проходишь мимо

***

Кошка моя, мешочек
Жалости или лести,
Что ты молчишь, ты хочешь,
Чтобы мы были вместе,

Ночью по черным лужам
Сложно домой добраться,
Вновь белокожий ужас,
Нечего и пытаться,

Просто моя сим-карта
Нежности устарела,
Сдался, как Клеопатра,
Мир, где мы были целым,

Где теребят за пузо,
Ночью ерошат холку,
Шар убегает в лузу,
Верит краям, осколку,

Кошка, судьба не штора,
Чтобы на ней качаться,
Как небосвод, который
Вздумал не прекращаться,

Остановить светила,
В колу добавить водки,
Боже мой, ты схватила,
Полноте идиотке

Грызть несмешные книжки,
Шмыгать меж строк, касаясь
Жизни, которой слишком,
Кошка, ведь ты не заяц,

Заяц ложится напрочь
И убивает навзничь,
Тихой, уютной сапой,
Словно Овадий Савич.

***

В руках Астарты, тонущих руках,
Ни вымысла, ни зла не умаляя,
Скажи, что ты легка, еще легка,
Пособница, фотограф мой, валяй, я

Оправлю кружева и улыбнусь,
Песок печатный из ладоней вылью,
Я выположусь, стаю, прикоснусь
И крапчатой подрагивавшей пылью

Я стану, будто книг, положим, в них
И в металлическом метро гуденьи
Какой-то беспощадный полукрик,
Ответ началу, будущему тени.

***

Ты говоришь, что я велика,
Слушай, поскольку внизу река,
Или, напротив, нельзя курить,
Можно лишь говорить,

Мы подлетаем к Суоми, там
Не позволяют ходить четам
По направлению дыма, где,
Впрочем, как и везде,

Стелется по рукавам рассвет,
А ведь внизу ни рассвета нет,
Ни нас с тобою, вообрази,
Но мы пока вблизи,

Капелька капельку предает,
Муми-стюард предлагает лед,
Я велика? Параллель проста,
Словно калач кота,

Если мы в небе, смотри, роняй
Слезную жидкость не для меня,
И, что важнее, ряд букв неся,
Мы приземляемся.

***

Много труда,
Терпения
И пупырчатой пленки:
Формула переезда.

Много меня,
Меня
И неба до самолетов:
Формула стихотворения.

Много сирени,
Не до конца раскрывшейся,
Сиреневой,
Словно кончики пальцев от холодной воды:
Формула дружбы.

Много тепла,
Лени
И Елены Гуро:
Формула беловатика.

Много любви,
Любви
И, стыдно сказать, любви.

***

Не бывает такого нигде
Сыплют шорох песочный часы
Влажный ирис плывет по воде
Константина и Лидии сын

Мост свои бережет зеркала
Восемь львов охраняют рассвет
Ночь как будто смутилась ушла
Ничего лучше этого нет

Теплый воздух холодный канал
Где паук паутину плетет
С фонаря к фонарю нить соткал
И по небу торопится вброд

***

Вроде минус сорок семь,
Но дыхания тепло
Согревает эту земь,
Что бы ни произошло.

Неба жадное стекло,
Как подвесочка, звенит,
Что бы ни произошло,
Солнце, овен, аммонит.

Не урон, один поклон,
И лети, пока июнь,
Что бы ни произошло,
И на шар, что снизу, дунь.

***

Холод развяжет тесемочку прав ты,
Просто меня попроси.
Маленькой умной подаренной граппы
Первый глоток укуси.

И каменеет, гляди, застывает
Темная бронза в часах.
Верно, в ладонях любимых права я,
В белых кошачьих усах.

Струнка потянется, голод зачтется,
Хрустнет стекло рукава.
Яблоко в небе нальется, начнется,
Будто погода права.

Так и стоим на морозе проклятом,
Холим улыбчивый шрам.
Ты-я, братишка студеного я-ты,
Прав?

***

Луна упала в лунку,
Протянутую руку,

И ямочка щеки
Становится все глубже,

И луковица тут же,
Все уже той реки.

***

Муза сиамская, ты ли подружка эклеру,
Дева голодная, ты голубиную плеву
Прячешь, поешь, да поешь уже, тела солинка,
Солнца растрепанный омут, Москва и Неглинка.

Шанежка, коржик, шажок, пироги отварные,
Годы в провинции долгие, злые, смурные,
А никогда ничего не сумей побояться,
Плакать, расплакаться, помнить, наесться, смеяться.

***

Мягкая моря плоть
Что бы ни вытворяла,
Плавай, не смей пороть,
Будь кривизна металла,

Плавящего себя,
Воздух холодных пальцев
Снова держи, гребя
В устрице ловких тайцев,

Вплавь оставляя нас
На языке соленом,
Ластой сбивая наст,
Делая прокаленным.

***

Изюминка падает в молоко,
Кофе корица студит,
А что будет очередным глотком,
Да ничего не будет.

Откуда в июне берется шмель
На городском постое,
Куда ты торопишься, чуя мель,
Да никуда, не стоит.

Но если шерстяника нить тонка,
Окает лета кома,
Беги, этим каплям назло, глоткам,
И да успеешь снова.

СОДЕРЖАНИЕ

«Когда дыхание станет ровным...» 7
«Султан солонка сила солнце Суламифь...» 8
«Ты веришь в гугл и облака...» 9
«Страны разные у нас...» 10
«Когда человек умирает...» 11
Флаги 12
«Пока машинопись стучит...» 14
«Горсть ласкового воздуха...» 15
«Город на сто процентов состоит из воды...» 16
«Ты плаваешь в кружащихся сетях...» 17
«Если бы ты был звездой экрана...» 18
«Кто книгу раскрыл, кто на белой слюде рисовал...» 19
Праздник 20
«Ты что-то знаешь, а тело, оно не знает...» 24
«Объезжая осторожно все дурные города...» 25
«За холмами, за домами...» 26
«Буду петь и буду таять...» 27
«Сначала сказала, что не люблю...» 28
«Таблетки прими...» 29
«Пора уже простить...» 30
«Ах эта ночь ты смерть...» 31
«Река проснулась первой...» 32
«Морю серому, как брату...» 33
«Ломтик вчерашний, усталая корка гнева...» 34
«Сегодня мне преградила путь черепаха...» 35
«Айфон разбит, и тех жестоких слов...» 36
«Смотрят чуть-чуть искоса...» 37
«Ты с надрывом...» 38
«Где я? Меня здесь нет...» 39
«Все замело, и почта встала...» 40
«Покидаю тебя ненадолго...» 41
Маточкин Шар 42
«Жизнь, угловата, как хлебный фрукт...» 45
«Каждую ночь я падаю,,,» 46
«В лучшей из своих книг...» 47
«Куда плывешь ты лед куда...» 48
«Словно шпион в очках...» 49
«Смотришь сквозь льдину, отбившуюся от стаи...» 50
«Постепенно проходит душа...» 51
«Все эти фильмы...» 52
«Как вода я разлился...» 53

«Людей с такими углами...» ... 54
«Облако, цветок...» ... 55
«Помнишь огнем горел...» ... 56
«Ты просто сказал я увижу рассвет...» ... 57
«Опадает паутина...» ... 58
«Цветы, кора. Леталось...» ... 60
«Снова жмурится горбит спину...» ... 61
«Меня было много, и я не знала...» ... 62
«Полетела вверх тормашками...» ... 63
«Не оставил мне ни вдоха ни сна...» ... 64
«Врач запретил мне плакать и так в глазах...» ... 65
«Из этой руки исчезаю угрем...» ... 66
«Она была жива...» ... 67
«Что, если правда все...» ... 68
«Не стоит менять настоящее...» ... 69
«Мне легко. Тебе легко...» ... 70
«Вымершее чудовище-мегаломан...» ... 71
«Две рыбы плывут в одном...» ... 72
«Снег летает, как уховертка...» ... 73
«Я точно сбросила доспехи...» ... 74
«Время прошло...» ... 75
«Это как снять бинты...» ... 76
«Эта выгода не та...» ... 77
«Сердце граната...» ... 78
«Это всего лишь тело...» ... 79
«Рассвет одинаков во всех городах...» ... 80
«Около крепкой и нежной опоры...» ... 81
«Допустим...» ... 82
«Давай еще по темно-синей...» ... 83
«Пусть пробоина-тоска...» ... 84
«Кошка моя, мешочек...» ... 85
«В руках Астарты, тонущих руках...» ... 86
«Ты говоришь, что я велика...» ... 87
«Много труда...» ... 88
«Не бывает такого нигде...» ... 89
«Вроде минус сорок семь...» ... 90
«Холод развяжет тесемочку прав ты...» ... 91
«Луна упала в лунку...» ... 92
«Муза сиамская, ты ли подружка эклеру...» ... 93
«Мягкая моря плоть...» ... 94
«Изюминка падает в молоко...» ... 95

www.ingramcontent.com/pod-product-compliance
Lightning Source LLC
Chambersburg PA
CBHW071312040426
42444CB00009B/1995